中华中医昆仑

李今庸学术评传

张镜源◎主编

中国盲文出版社

图书在版编目（CIP）数据

李今庸学术评传（大字版）/ 张镜源主编. —北京：中国盲文出版社，2015.12
（中华中医昆仑）
ISBN 978-7-5002-6858-1

Ⅰ.①李… Ⅱ.①张… Ⅲ.①李今庸—评传 Ⅳ.①K826.2

中国版本图书馆 CIP 数据核字（2015）第 317030 号

李今庸学术评传

主　　编：张镜源
责任编辑：亢　淼
出版发行：中国盲文出版社
社　　址：北京市西城区太平街甲 6 号
邮政编码：100050
印　　刷：北京华联印刷有限公司
经　　销：新华书店
开　　本：700×1000　1/16
字　　数：42 千字
印　　张：6.5
版　　次：2015 年 12 月第 1 版　2016 年 3 月第 2 次印刷
书　　号：ISBN 978-7-5002-6858-1/K·463
定　　价：12.00 元
销售服务热线：（010）83190297　83190289　83190292

丛书编委会

前　言

中医药是中华民族的伟大创造，是世界医学宝库中的夺目瑰宝，数千年来为中华民族的繁衍昌盛作出了巨大的不可磨灭的贡献，至今仍是中国医药卫生事业不可分割的重要组成部分，在维护民族体魄康健、促进经济社会发展中发挥着不可替代的作用。

中医药学，是中华传统文化和科技文明的结晶，是勤劳聪慧的中华儿女在几千年生产生活实践中，在与疾病作斗争的过程中，创造的独具特色的医学科学体系。它有着浓郁的民族特色、深厚的文化底蕴和丰富的哲学内涵。经过一代又一代中医药传人、一辈又一辈名医大家的实践探索、薪火传承、总结完善、创新发展，逐步形成了系统的理论体系、独特的诊疗方法、丰富的医学内容、实用的制药技术。具有疗效确切、用药安全、应诊灵活、普适简廉和预防保健作用显著的巨大优势，在世界医学之林独树一帜，为人类的文明进步与医疗保健事业，已经并正在作出积极的贡献。

为了弘扬中华民族传统文化，彰显中医药学家的丰功伟绩，当代中医药发展研究中心与中国文学艺术界联合会、国家中医药管理局新闻办公室、中华中医药学会、中国中医科学院、北京中医药大学、世界中医药学会联合会等精诚合作，在国家中医药管理局的支持和指导下，为中华近现代百年来贡献卓著、深受敬仰的150位中医药学家，编撰出版了这部大型传记丛书。丛书采用评传体裁，记载他们的生平事迹、医术专长、学术思想、传承教育、医风医德、养生之道和突出贡献，使这些宝贵的医学成就和精神财富发扬光大，千古流芳。

从书取名《中华中医昆仑》。昆仑山，被尊为“万山之祖”，柱西北而瞰东南，立中国而凭世界，凌驾乾坤，巍然屹立。以其高峻豪迈、绵延起伏的磅礴气势，寓意中华中医药学历史悠久、博大精深和永不衰竭；以其挺拔雄伟、高耸入云的恢弘气魄，彪炳一代中医药学家的丰功伟绩、杰出贡献和不朽勋业。

从书入选传主，从全国范围推荐遴选，遍及中医药界各个领域。有临床家、理论家、药学家、教育家、医史文献学家；有名师亲授、世医家教、学派传人、院校毕业和自学成才者；有师徒并驾、父子齐名和伉俪联袂者。他们学术造诣深厚、诊疗技术精湛、临床经验丰富、学科地位崇高、科研成果丰硕、医风医德高尚、国内外影响较大，从医学理论到临床实践，为中医药事业的传承和发展作出了突出贡献，是近现代百年来中华中医药界的杰出代表。

丛书的出版，对于弘扬中华文化，振兴中医药事业，造就中医药人才，普及中医药知识，具有重要的现实意义和深远的历史意义。这是一项开创性工作，填补了我国为著名中医药学家大规模撰写传记的空白；也是一项抢救性工作，因入选传主已仙逝过半，许多亲历、亲见、亲闻的史料日见散逸，将之收集整理、编撰成书，功垂后世、利国利民；更是一项承前启后的工作，总结传主经验，传承中医药伟业，继往开来，光耀世界医学之林。这部医文结合，富蕴历史性、学术性、文学性和实用性的鸿篇巨制，对医疗、卫生、科研、教育及全球关注中华中医药文化的各界人士，都有重要的参考和阅读价值。

丛书的编撰出版，是一项巨大的中医药文

化建设工程，在策划、撰写、编辑、出版过程中，自始至终得到了国家有关领导、政府部门及社会各界人士的关心和支持。国家中医药管理局高度重视，并组织专家对全书进行终审；数百名专家、学者亲临指导，参与规划；有关省、市、自治区卫生厅、局、中医局（处）给予大力帮助；传主及其亲属、弟子热情支持、密切配合；撰稿人深情满怀、辛勤笔耕；编审专家尽心竭力、精工细琢；关爱中医药事业的企业家热心公益、慷慨资助；全体工作人员不辞辛劳、无私奉献，这一切使丛书得以顺利出版。对此，我们深表谢意。

由于时间紧迫和资料搜集困难，加之水平有限，难免有疏误之处，敬请广大读者批评指正。

中华中医药学，历史悠久，源远流长，发端于远古，奔向于未来。百年对于历史，不过是短暂的瞬间；百人对于万众，不过是沧海一粟。然本丛书所记载的百年百人，则无疑是波澜壮阔的中医药发展史上辉煌的篇章和光芒闪烁的璀璨星辰。

张镜源

目录

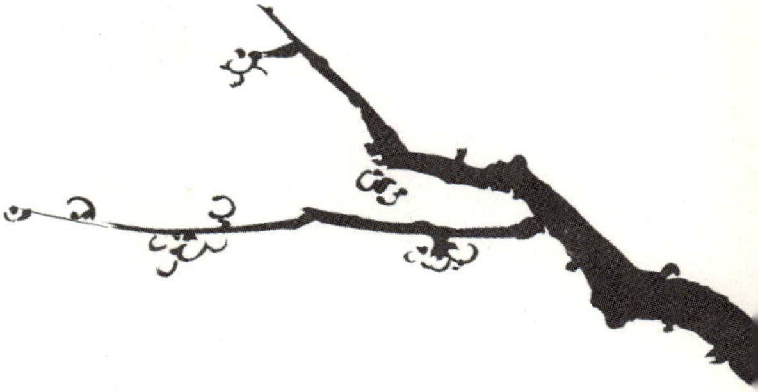

八十述怀

幼承家学在乡下，厚积古训待薄发。
为求医治沉疴起，日夜奔走百姓家。
继而受命杏坛处，舌耕经典勤疏爬。
源头创新皆由此，宿根定将发新芽。

——李今庸

李今庸，1925 年出生。著名中医药学理论家、临床家、教育家、社会活动家。湖北中医学院（现湖北中医药大学）教授，首批全国老中医药专家学术经验继承工作指导老师。

李今庸幼承家学，通晓中医内、外、妇、儿各科，尤以治疗中医内、妇科见长。他重视临床实践，重视中医药理论，尤其重视辨证施治，善于治疗疑难重症，善用经方、时方及民间草药治疗疾病。1957 年后长期在中医院校任教，先后讲授过《金匮要略》、《黄帝内经》、《八十一难经》和《中医学基础》等。

李今庸治学严谨，学术上一丝不苟，多有

建树，发表论著甚多。撰著有《读医心得》、《读医古书随笔》、《古医书研究》、《金匮要略讲解》、《李今庸临床经验辑要》、《中医临床家李今庸》、《李今庸医案医论精华》、《舌耕余话》；主编有《新编黄帝内经纲目》、《金匮要略讲义》、《湖北医学史稿》、《中医辨证法简论》、《奇治外用方》、《内经选读》、《黄帝内经索引》等；论文有《论黄帝内经的营卫理论》、《论“穴位”在人身中的重要意义》、《楚医学对祖国医学的重大贡献》、《我国古代对“脑”的认识》、《神农本草经成书年代考》、《咳喘论治》、《二陈汤的临床运用》等数百篇。2003 年获“中医药学术最高成就奖”，并获“国医楷模”称号。1991 年开始享受国务院政府特殊津贴。

峥嵘岁月　光辉人生

李今庸，字昨非，1925 年农历九月初五出生于湖北省枣阳县（今枣阳市）一世医之家。7 岁入私塾攻读《论语》、《孟子》、《大学》、《中庸》、《幼学故事琼林》等。1939 年，在他 14 岁时因日军入侵，家乡沦陷，遂辍学在家跟随父亲学习中医，并协助父亲料理诊室业务。少年时期的李今庸学医之外还参加当地抗日救亡活动，组建儿童团，并担任团长，给当地抗日武装力量站岗放哨。他同家乡有志青年一起，经常化妆演出，宣传抗战思想。因而，从青少年时候起，在他的思想中就埋下了爱国主义的种子，具有极强的民族自尊心。后期随父侍诊。

父名贵德，字道安，幼习举子业，熟读“四书五经”。后因科举制度废止，于是弃儒学医，师从当地王少桐等名医，五年学成，即悬壶乡里，一时门庭若市，问疾求诊者络绎不绝。行医数十年，名噪一方。母唐氏，系当地大族之女，性清闲贞静，虽不识文，然而受中国传统礼教影响颇深。李今庸经 11 年学成，恰逢家乡解放。他积极响应政府号召，在当地开展中医诊疗工作，随后倡导并成立中医联合诊所。

1950 年，25 岁的李今庸被选为湖北省洪山县人民代表，出席了洪山县第一届人民代表大会，这为他后来参与政事活动奠定了思想基础。1954 年到湖北省中医进修学校进修。不久，长江大堤决口，造成特大洪涝灾害，他随全体进修学员一起，赴湖北省石首、监利、荆江、公安四县抗洪抢险防病治病。他被分配到石首队担任副队长。由于成绩突出，当年 11 月 8 日，中共石首县委员会、石首县人民政府授予他

"甲等劳动模范"称号，并获奖章一枚。回到学校后，继续学业，学习了大量西医课和少数中医课。1955 年调到湖北省卫生厅工作。1957 年春又调至湖北省中医进修学校担任中医教学工作。1958 年结婚，育有二女，大女儿李琳承其志，继其业；二女儿李勤移居瑞典。1959 年湖北省中医进修学校更名为湖北中医学院（现湖北中医药大学），他继续在校任教。

在湖北中医学院成立之初，他筹建了金匮教研组。20 世纪 80 年代，又领衔恢复和发展了内经教研室，并先后担任金匮教研组组长和内经教研室主任。数十年来，他为各种层次的学生讲授《黄帝内经》、《金匮要略》等中医经典著作。从 1978 年开始，又连续指导了数届内经专业硕士研究生。曾先后受十多个省市中医院校及中医药科研机构的邀请，讲授《黄帝内经》和《金匮要略》，并受邀参加多所中医院校研究生毕业论文答辩。

1961年，由学院安排，李今庸继承湖北省当代学者蒋立庵学术经验，在蒋老的影响下，获益颇多。如今蒋老早已作古，而李今庸常常无限深情地说，他的学术思想受蒋老影响颇深，对蒋老的怀念感激之情溢于言表。

1971年，学院恢复招生，开始招收工农兵学员，学员以连队建制，李今庸被编入解放军连队，为学员讲授《中医学基础》。由于他讲授深入浅出，贴近生活，联系实际，因而使古老的中医药学听起来并不枯燥无味，获得学员的一致好评。

1978年3月，李今庸参加了在北京召开的"全国科学大会"，他和与会的科学家们受到中央首长的接见，并合影留念。回来后激动的心情久久难平，感觉全身都是劲儿，准备大干一场。同年被评定为副教授。1980年晋升为教授，为湖北省中医药界最早的教授之一。1987～1999年，先后被中国中医研究院（现中国中医科学院）研究生部、张仲景国医大学、河北省卫生厅、长春中医学院（现长春中医药大学）等单位聘为客座教授，为中医药人才培养作出了贡献。

1962 年，参加了卫生部在庐山召开的“全国中医学院第二版教材”会议。1982 年，参加了卫生部在北京召开的高等中医院校中医药教材编委会议。

李今庸曾担任湖北省政协委员、常委；湖北省科协委员、常委；湖北省老科技工作者协会副理事长；湖北省中医药学会副理事长、理事长。期间，积极参政议政，献计献策；积极开展中医药学术活动，为湖北省社会经济的发展和中医药学术的发展作出了应有的贡献。

1981 年，为表彰其在高等学校教学工作中作出的显著成绩，被湖北省教育厅评为“优秀教师”。1987 年 2 月，政协湖北省第五届委员会表彰其“为改革和建设作出贡献者”，4 月，湖北省科学技术协会评选其为“优秀专兼职学会干部”。1994 年，受到人事部、卫生部、国家中医药管理局的表彰：“李今庸同志 1991 年 5 月，被确认为全国老中医药专家学术经验继承工作指导老师，为培养中医药人才作出了贡献。”2003 年 9 月，在中华中医药学会第四次会员代表大会上荣获“中医药学术最高成就奖”，并被确定为“终身理事”。2003 年，中华中医药学会授予他“国医楷模”称号。

1991 年，他被确认为享受国务院政府特殊津贴的名老中医。1989 年入载《湖北当代名中医传》；1999 年入载《中外名人辞典》；2000 年 7 月入编《二十一世纪人才库》（中国专家人才卷）；2000 年 9 月入载《中国世纪专家》、《华夏英杰》；2000 年年底入载画册《当代名老中医风采》；2001 年 2 月，入载《世纪华人英才》、《中华儿女荣誉档案工程》和《光辉岁月》。

李今庸一生读书不止，笔耕不息，临证不断，诲人不倦，著述宏富，为推动中医药学术的发展作出了卓越的贡献。

博览群书　学富五车

李今庸7岁时，在枣阳县唐家店镇入私塾，开始接受启蒙教育。老师为前清秀才，老学究，国学底子深厚。老师始授《三字经》、《国文》，继而授《论语》、《孟子》、《大学》、《中庸》、《礼记》等儒家经典著作，使他大受裨益。李今庸博闻强志，日记千言，常过目成诵，仅用一个晚上就背熟了《论语》“学而篇”，其余十九篇则是听其他同学朗诵时而记熟的。在很短时间内又读熟了《孟子》七章十四篇。而《大学》、《中庸》，因其篇幅很短，也很快都读熟了。老师又命他读“四书引端”等书，使其对“四书”的内容有更加深刻的理解。这些书籍对他一生影响颇深，同时也为后来学习中医药学打下了坚实的文化基础。他在重点阅读这些儒家经典著作的同时，还阅读了《左传快读》、《纲鉴易知录》、《幼学故事琼林》等，从中获得了丰富的历史学知识。其后，李今庸又阅读了大量明、清之人的笔记，从而扩大了视野。

1939 年春季，日军入侵鄂北，闯入李今庸家乡，李家逃出乡里避难一个多月，日军走后返回家乡时，家中生活必需品及诊所已被日军破坏殆尽。当时他家中有十口之众，每日开门七件事，件件为之发愁。因生活维艰，李今庸遂辍学在家随其父学习中医药知识，并替父亲配方调剂，购药炮制，兼以学文。那时诊所所需药材，必须到县城采购，县城离其家约 70 华里，全是乡间小路，还要翻山越岭。每次购药，他必须早早起床，步行六七个小时，约中午时分到达县城，第二天早晨再背着药材回家，回来后随即对药材进行加工炮制，以备配方之所需。这样不仅促使他认识了许多药材、饮片，同时还学会了药物的炮制技术，从而加深了对中药的感性认识，更重要的则是磨炼出了他坚忍不拔的意志。

其父先授他以《黄帝内经》，令其熟读，大约只用了一年的时间，他即将《黄帝内经》的内容烂熟于心中。为了更加深刻地理解《黄帝内经》，他又熟读了《针灸甲乙经》、《黄帝内经太素》、《八十一难经》等中医古典著作。从小夯实的功底，至今字字句句犹在眼前。现在只要你提到《黄帝内经》的某一内容，他都能不假思索准确无误地给你指出，本段内容是在《素问》或《灵枢》的某一篇，因此被人们誉为“《内经》王”、“活字典”。然而他从不以此炫耀于人。1991 年国家组织编撰《中国医药百科全书——中医学》，他被特邀为编委。在一次编委会议期间，一编委向主编询问《内经》中一条有关妇科的原文出处，见主编一时未能答出，于是李今庸脱口而出地说："督脉者，起于少腹以下骨中央，女子入系廷孔，其孔溺孔之端也。"并指出该文见于《素问·骨空论》。会后，有人拿出原著一对照，果然一字不差，遂感叹地说："《内经》王"、"活字典"并非虚传。

李今庸在背熟《黄帝内经》的基础上又开始研习《伤寒论》和《金匮要略》两部经典著作，而对于这两部书，他并没有像读《黄帝内经》那样去死记硬背，而是着力反复去分析研究书中每一条原文的机理。经过一番努力，虽未进行硬性背记，然而对这两部书的原文也是相当熟悉了。李今庸在青年时期就具有探索精神，当他读到《金匮要略·痉湿暍病篇》时，为了弄清痉厥的实际表现，于是他将士的宁注射到青蛙身上，观察青蛙从开始抽搐直到死亡的全过程，给他留下终生难忘的印象。同样，为了配合学好《伤寒论》、《金匮要略》这两部经典著作，他的父亲又命其阅读了《脉经》、

《诸病源候论》、《备急千金要方》、《千金翼方》、《外台秘要》，以及《神农本草经》等书。可以说，李今庸对现存唐代以前的医书，几乎遍览无遗。前人学习中医药学，可由数种途径入其门户，有始读《医学三字经》者，有始读《药性赋》者，有始读《汤头歌诀》者，而李今庸就这样高起点地步入了中医药学殿堂。

李今庸在阅读中医经典著作的基础上，又广阅历代著述，如《雷公药性赋》、《医宗金鉴》、《陈修园医书全集》、《唐宗海中西医汇通医书五种》、《本草纲目》，以及《张氏医通》、《景岳全书》诸书。与此同时，在他父亲的指导下，还阅读了《毛诗》、《周易》、《书经》等书，从而奠定了中国传统文化基础。并随其父侍诊，接受临床锻炼。从1939～1949年，历时十一个春秋，数易寒暑，经艰辛努力，李今庸终于学会了临证之术。

1961年的一天，时任湖北中医学院副院长的蒋立庵，拿了一本《江汉论谈》杂志给李今庸，他认真地阅读了一遍，发现本期杂志主要刊登的是有关古书校勘、训诂方面的文章。真是“心有灵犀一点通”，李今庸敏捷地意识到，蒋老是希望他再从这一方面有所发展，掌握校勘学、训诂学的相关知识，以便更有效地研究整理古典医籍。在这期杂志的影响下，从20世纪60年代初，他又先后阅读了大量有关《小学》方面的书籍。治《小学》，“许学”（即许慎之学）是基础，因此他首先认真地阅读了《说文解字》、《说文解字注》、《说文通训定声》、《说文解字义证》、《说文解字注笺》。其次阅读了“雅学”，如《尔雅》、《广雅》、《小尔雅》，以及《通雅》、《骈雅》。其三为“韵书”，如《广韵》、《集韵》、《玉篇》等。同时还阅读了其他与《小学》有关的一些书籍，如《仓颉篇》、《急就篇》、《方言疏证》、《释名疏证》、《经典释文》、《经传释词》、《群经音辨》，以及诸子百家，二十四史（尤其是前四史）等等。从这些书中，他又掌握了治学之道。有人说，做学问，应具备三个条件，一为深厚的家学，二为名师指点，三为个人勤奋。这三点李今庸都具备了。

李今庸善于根据文字的结构分辨其音义。1992年6月，他参加了湖北省政协组织的旅游团，一日游开泉寺，每到一景点，导游总是先念诵该景点的文字，然后再讲解。随后来到一用篆文书写的匾额前，导游却缄口不念，意思是要游客读出匾额。同游者面面相觑，唯李今庸略加思索，顺畅地读了出来，导游颔首称是，并说："我在这里做导游十多年，能认出此匾额者，唯先生而已。"观其之学，如临深渊，如迎浮云，临深渊莫知其底，迎浮云莫知其际。李今庸之学问真可谓广博而又深厚。

补苴罅漏　古籍勤爬疏

中医古典医籍，按一般的说法，是指晚清以前的古医书。依其成书年代的先后，可以粗略地划分为三个时期：一指唐以前的古医书，二指宋元时期的古医书，三指明清时期的古医书。这些古医书的共同特点是：其书愈古，错讹愈多，文字愈涩，义理愈艰，愈难卒读，很不容易为今人所接受，必须对其进行研究整理。李今庸的研究重点，是放在唐以前的古医书上。他从 20 世纪 50 年代开始，就步入了一条漫长崎岖而又艰辛的治学之路，在这条道路上，他上下求索了 50 多个春秋，备尝艰辛，成绩斐然。

在中医药学中，蕴含有丰富的古代唯物辩证法思想，所以李今庸一贯倡导学习、研究中医药学必须以唯物辩证法和历史辩证法作为指导思想。他撰写了《试以唯物辩证法的矛盾观点探讨祖国医学阴阳实质》的文章。他主持编写了《中医辩证法简论》一书（山西人民出版社出版），为学习、研究中医药学确立了正确的思维方式，用这种思维方式学习、研究中医药学，往往事半功倍，使千百年来聚讼不已的问题有了一个合理的解释，也更加显示出中医药学的科学价值。

多年来，李今庸非常重视对中医古典著作的学习，并从中摸索出了一套行之有效的学习方法。他先后撰写了《怎样学习〈黄帝内经〉》、《〈黄帝内经〉阅读指导》、《〈黄帝内经〉的学习方法》、《关于阅读〈金匮要略〉》、《〈金匮要略〉的学习方法》等文章。他在这些文章中介绍的方法十分有用，为《黄帝内经》、《金匮要略》

的学习，从方法上提供了很好的借鉴，对推动中医经典著作的学习起到了积极的作用。

对中医药学理论的发掘整理。中医药学理论，散见于中医药学古典著作之中，无章无系，学者很难掌握，常常使人产生究首遗尾、究尾遗首之感。因而，必须对其进行系统的发掘整理。1997 年 10 月，他参加了卫生部在北京召开的全国医学基础学科规划座谈会议。1980 年 10 月，李今庸任中华全国中医学会中医理论研究委员会委员后，参加了全国中医理论整理研究委员会第二次委员会会议。他不仅热忱支持、推动全国性的对中医学理论的发掘整理工作，而且还亲自动手对中医药学理论进行研究整理。他在阅读中医药学古典著作时，对其中理论部分，分别予以摘录，然后依类汇总，去其糟粕，取其精华，最后分别笔之为文。其内容几乎涉及中医药学理论的各个方面，如阴阳、五行、脏腑、营卫气血、经络、病因、病机、治法、运气等等。他先后撰写了《论中医药理论体系的构成和意义》、《祖国医学阴阳学说、阴阳实质的探讨》、《论五行学说的形成和演变及其在祖国医学中的价值》、《论祖国医学的升降学说》、《论胆腑》、《论〈黄帝内经〉营卫的理论》、《论穴位在人身中的重要意义》（此文1994年获湖北省优秀论文一等奖）、《我国古代对脑的认识》、《"运气七篇"成书年代考》等文章。1982年，他将部分文章汇编成册，题之曰《读医心得》，由上海科学技术出版社出版。这些文章既有发陈，更有创新，读后使人得到启发，对中医药学中的一些理论概念，获得一个系统清晰的认识。

对中医药学古籍的研究整理。中医药学古典医籍，一般来说成书比较早，在其流传的过程中，又屡经传抄翻刻，其错脱衍讹，亥豕鲁鱼者在所难免。同时由于历史的演变，一些语言文字的读音、含义也发生了一些变化，这就为我们今天准确读通、读懂原文平添了许多障碍。所以清人叶德辉在《藏书十约》中论校勘时感叹地说："书不校勘，不如不读。"（《中国历史文献学·校勘学》）李今庸非常重视对中医药古籍的校勘整理出版工作，他多次参加卫生部召开的有关中医古籍整理出版会议，在会上，李今庸积极发言，出谋献策，为中医药古典著作的整理出版和繁荣中医药文化，起到了推动作用。李今庸非常重视整理古籍的方法和质量。他撰写了《理校在整理古籍中的作用》、《考据学在中医古籍研究中的地位》两篇文章，后一篇被收入《中医经典著作思路与方法研究》一书中。李今庸发现当今某些古书的校勘质量相当低劣，其中有些字句，错的没有校正，对的反而校错，他非常痛心。于是在 1990 年又撰文呼吁《请重视古书点校质量》。他在这些文章中所提出的意见和建议，对中医古籍的整理校勘工作，起到了指导性的作用。

积极支持对中医古籍的校勘整理。20世纪70年代后期，卫生部决定组织人员，对《黄帝内经·素问》、《黄帝内经·灵枢》、《八十一难经》、《针灸甲乙经》、《脉经》、《诸病源候论》，以及《针灸大成》7部古医书进行校勘注释，并作为部级科研项目推出。李今庸以特邀代表的身份，先后赴北京、南京、济南、福州等地参与这7本古书校勘注释的审稿定稿会议。他每接到一部书的初稿，总是认真阅读，反复推敲，仔细记录。在会上对书中所存在的疵点，诚恳地一一指出，并提出了处理的办法，受到了与会者的一致赞许。他的意见对提高这7部古医书的校勘质量，发挥了重要作用。

备尝校勘整理古医书的艰辛甘苦。李今庸从20世纪60年代就步入了这条漫长而又崎岖的治学之路，在这方面他着力最勤，费神最多，几乎是举毕生之力，投入此项工作。其爬疏的甘辛，个中滋味，只有他自己知晓。他曾说，从事这项工作首先要善于发现古书中的问题，然后对所发现的问题，进行深入的研究考证，并搜集大量的古代文献加以证实。当写成文章时，又必须考虑所选用文献的排列先后，使层次分明，说理透彻，让人易于读懂。如此每写一篇文章，常常头痛数日不已，然而他仍乐此不疲。虽是辛苦，然也获得了丰硕的成果。经一番整理后，不仅使这些古籍中的文字义理畅达，而且其医学理论也明白易晓，从而使千百年的疑窦涣然冰释，实有功于后学。

训释古医籍古已有之，南北朝时有全元起的《素问训解》（此书宋以后已亡佚），唐有王冰的《黄帝内经素问》，清有张志聪的《黄帝内经素问集注》、《黄帝内经灵枢集注》。这后两家的训诂资料，已为宗福邦等人编写的大型工具书《故训汇纂》（2003 年商务印书馆）所收录。他们的特点多为随文训释，没有作理论上的阐述，因而有得也有失，而且多为训诂，少有校勘，仍嫌不足。而李今庸则是将清朝乾嘉时期所兴起的治经学方法，引入到古医籍的研究整理之中，运用这种方法研究古典医籍，在中医界，实在为数不多。他依据训诂学、校勘学、音韵学、古文字学的基本原理，以及方言学、历史学、文献学和历代避讳规律等相关知识，对古医书中的疑难问题进行了深入的研究。对古医书中有问题的文字、内容，则采用多者刈之，脱者补之，隐者彰之，错者正之，难者考之，疑者存之的方法，细心爬疏。他治学态度严谨，一言之取舍必有于据，一说之弃留必合于理。其研究所涉及的范围相当广泛，如《素问》、《灵枢》、《难经》、《针灸甲乙经》、《太素》、《伤寒论》、《金匮要略》、《神农本草经》、《肘后备急方》、《新修本草》、《备急千金要方》、《千金翼方》、《马王堆汉墓帛书》，以及先秦两汉典籍中有关医学的内容等。每有所得则笔之以为文。他发表过《〈内经〉析疑三则》、《〈金匮要略〉析疑三则》、《〈灵枢经〉析疑四则》、《〈难经〉析疑一则》、《〈伤寒论〉析疑二则》、《〈五十二病方〉析疑三则》、《〈神农本草经〉成书年代考》、《〈足臂十一脉灸经〉考义四则》、《〈庄子〉考义一则》、《〈淮南子〉考义二则》、《〈尔雅〉考义一则》、《〈史记〉考义一则》等等。从20世纪60年代至现在，他发表了诸如“析疑”、“揭疑”、“考释”、“考义”这类文章近200多篇。2008年6月至11月，他在外地休养的时候，凭记忆又搜集了古医书中疑问之处共88条，其中《内经》82条，《伤寒论》1条，《针灸甲乙经》5条。同时还从《吕氏春秋》高诱训解的文字中，总结出声转可通的文字121例。其中部分内容现已整理成文，由此可见，其对古医籍爬疏之勤了。1984年，他将这类文章的一部分汇编成册，名之曰《读古医书随笔》，由人民卫生出版社出版。书一面世，很快销售一空，2006年，人民卫生出版社又再版发行。2003 年，李今庸在前书的基础上又增补了大量内容，书名改为《古医书研究》，由中国中医药出版社出版。该书一出版，长春中医药大学一位著名教授，建议他的研究生每人到书店去购回一本，要求他们从中学习李今庸的治学方法、治学态度和治学精神，并提议将该书作为博士后的教科书。其在中医药界的影响，可见一斑了。

设帐杏林　传道授业

李今庸从1957年调至湖北省中医进修学校（后更名为湖北中医学院）任教，至今已50多个春秋。曾先后给湖北中医学院各届本科班、西医离职学习中医班、师资班讲授《黄帝内经》、《金匮要略》、《八十一难经》等经典著作，以及《中医学基础》和“运气学说”等课程。1978年以后，又连续指导了数届内经专业硕士研究生。李今庸不仅承担本院的中医教学任务，从1978年起，还先后赴辽宁中医学院、广西中医学院、光明中医函授大学、河北省中医药管理局主办的石家庄跨世纪青年中医班，以及上海、吉林、山东、山西、陕西、河南、安徽、湖南、福建等地的中医学院讲学。先后受邀到中国中医研究院、北京中医药大学、河北中医学院给研究生讲课。从1981～1983年，分别到中国中医研究院、陕西中医学院、安徽中医学院、湖南中医学院、湖南省中医研究院等单位，参加研究生毕业论文答辩。从1999年开始，又分别到长春、北京、上海、湖北恩施等地，为国家中医药管理局主办的全国名老中医临床经验讲习班讲课。

师承教育是中医传统教育形式之一，是对当今院校教育的有益补充。1962年，湖北中医学院采用师带徒形式教学，李今庸被选为带徒指导老师，指导了一名本科生，毕业时，在他的建议下，该生被留院任教。1990年李今庸被卫生部、人事部、国家中医药管理局确定为首批全国老中医药专家学术经验继承工作指导老师，于是又带了两名徒弟。他根据徒弟的实际情况，确立以临床实践为主和重温经典相结合的带教原则，并制订了周密的带教计划，严格依照计划而行，坚持每周带领徒弟上三次临床，命徒弟详细记录临床所见。每周讲课一次，讲授经典理论对临床的指导作用；讲授他自己的辨证经验和用药体会；剖析临床所见疑难病证……常常是师徒围坐一桌，随讲随问，随问随讲，讲得真实，听得仔细，印象深刻。同时还向徒弟传授中医传统制剂的制作方法，如熬制黑膏药等，他冒着刺鼻的油烟亲作示范，让徒弟掌握其要领，学习摊制膏药的技巧。1991年冬天，他到外地休养时，还经常给两个徒弟写信，了解其学习情况和布置新的任务。1991年和1992年，中华中医药学会举行了两次有奖征文活动，两个徒弟分别获得一、二、三等奖。1994年，经严格考核、考试，圆满出师。三年间，由于他认真带教，悉心传授，两个徒弟从理论知识到临床实践能力，均产生了一个飞跃，学到了许多以前在课堂上、书本中所学不到的东西。李今庸被人们誉为理论大师，常常有国内外中医药界同道写信向他求学问道，他从不拒绝，一一回信予以答复，从而使这些同道能及时地释疑解惑，成为他传播中医药文化的又一途径。数十年来，得其教诲者，已不计其数，真所谓桃李满天下。

为培养合格的中医药人才，李今庸历来非常重视教材建设，多次参加全国性教材会议。1962年夏，参加了卫生部在庐山召开的全国中医学院第二版教材会议，先后参加《金匮》组和《内经》组的编写讨论会，据参加会议的人回忆说：当时就一些学术问题争辩得相当激烈，无论年龄大小，资历高低，谁的观点有理就采用谁的，真正体现了学术争鸣的特色。李今庸在会上所表述的思想，为多数人赞同。当时，只有湖北中医学院在本科教育中开设过《金匮》课程，所以卫生部便将《金匮要略讲义》一书主编权交给了湖北中医学院，以李今庸为主笔完成了高质量的《金匮要略讲义》二版教材的编写。当时他只有37岁，此事在全国中医界传诵至今。1982年，他参加了卫生部在北京召开的高等中医院校中医药教材编委会会议，并担任高等医药院校中医专业教材编审委员会委员。2001年参加人民卫生出版社在北京召开的中医药教材专家论证会，会上他被聘为全国高等中医药教材建设顾问委员会委员，为中医药教材的建设出谋献策。李今庸还多次编写或参与编写了中医药教材。1959年，在湖北中医学院筹建了《金匮》教研组，并担任组长，其间编写了《金匮讲义》（内部印刷），作为湖北中医学院本科专业教材使用。1963年代理其老师蒋立庵老先生主编全国中医学院第二版试用教材《金匮要略讲义》，从而将《金匮》这一学科推向了全国。因而，李今庸实为中医药院校本科教育中《金匮》学科的开创者和奠基人。1973年为适应社会上的需求，该书再版发行。1974

年协编全国中医学院教材《中医学基础》，在编写讨论会上，有人以五行之间的生、克只能单向相生相克，而不能反向为由，对五行学说提出了质疑。李今庸则说："在自然界，癞蛤蟆吃（克）蜈蚣，蜈蚣吃（克）蛇，蛇吃（克）癞蛤蟆；在人类生育活动过程中，只能老子生儿子，儿子就不能生老子，自然辩证法就是如此。"从而使五行学说这一方法论得以在这一版《中医学基础》中被保留下来。1978 年，湖北中医学院恢复和发展了内经教研室，李今庸担任主任，并主编了《内经选读》（内部印刷），供本院中医本科专业使用，该教材受到全国一些《内经》教师的好评。1987 年，参与编著高等中医药院校教学参考丛书——《内经》。同年为光明中医函授大学编写了《金匮要略讲解》，该书于 2008 年更名为《金匮要略讲稿》再版发行。2000 年，全国高等医药教材建设研究会组织编写《二十一世纪课程教材》时，李今庸"内举不避亲”，力推湖北中医学院一位年资较高的伤寒学科教授任《伤寒论讲义》的主编。该教材后来获得人民卫生出版社颁发的一等奖。几十年来，李今庸为中医药院校教材建设，可谓倾注了满腔心血。

教育对象从有教无类到非其人勿教。中华人民共和国成立初期，中医药行业严重乏人，为解决这一矛盾，国家在大多数省市先后设立了中医学院，将中医药学纳入高等教育之列。但是，由于人们对中医药学不够理解，几乎所有的中医药院校生源都不足，因而只好从其他院校生源中进行调剂，所以当时有些学生戏言，他们是被“拉夫”拉来的。就是对这些“拉”来的学生，李今庸也是认真地予以教导，为教好每一节课，常常是备课到深夜。然而结果却事倍功半，这些学生毕业后，只有一部分从事中医药工作，一部分改行从事西医工作，还有一些人则成了中医学的否定者和反对者。因此，他曾在一首诗中无限伤感地写道："吾人生性太鲁钝，发展中医愧无能。三十年教学工作苦，培养自己掘墓人。"由此也引起了他的深思，对中医药学这门特殊学科，在教育对象上必须要有所选择，即先应爬罗剔抉，而后再刮垢磨光，要择人而教，因材施教。这就成了他后来在招收研究生中"宁缺毋滥"的思想基础。1979年学院招收第二届《内经》硕士研究生，一考生专业成绩甚差，李今庸意见不予录取，而当时有人坚持要录取。他气愤地说："谁要录，谁去带。"他始终坚持不追求数量而注重质量。在这种思想指导下，培养了一批合格的中医药人才，成了中医药队伍的生力军。这使他对《素问·气交变大论》中所说的"得其人不教，是谓失道；传非其人，慢泄天宝"有了更深刻的体会。对李今庸而言，他既未"失道"，又未"慢泄天宝"。

注重师资队伍建设。要培养高水平的中医

药人才，必须要有高水平的中医药师资，所以李今庸在主持教研室工作时，非常重视对教师的培养。1981 年，他在教研室提出了“知识非博不能反约，非深不能至精”的思想。1982 年，他又要求教师养成“读书习惯和写作习惯”。这些思想对当时教研室的教师产生了深远影响。为配合教师读书方便，他在教研室创建了图书资料室，收藏各类图书 800 余册。在力所能及的情况下，尽量为教师创造较好的学习条件，如为教师配备必要的书籍、文摘卡片等。并随时对教师的学习情况进行督促检查。1984 年春节期间，他亲自登门检查教师的学习情况，其中一位老师摘录了许多卡片，但零乱地摆放在桌上，未作整理。而到另一位老师家中时，发现他桌上只有三张已做好的卡片，再打开卡片盒一看，空空如也！这位老师见李今庸脸上不悦，虽时值隆冬，头上仍顿时汗出溱溱。1980 年，他亲自带领教研室部分老师到上海、济南、北京等地中医药院校进行考察学习，借以拓宽教师思路，开阔视野。他还不失时机地派遣教师到其他中医院校进修学习。1986 年，组织教研室教师编写《新编黄帝内经纲目》（由上海科学技术出版社出版）和《黄帝内经索引》（内部印刷）。通过编辑书籍及教学参考资料，来提高教师的专业水平。在对教师的使用上，尽量做到人尽其才，才尽其用。经不断努力，培养出一批较高素质的中医药教师队伍。

重视经典著作的教学。所谓经典著作，是指《黄帝内经》、《伤寒论》、《金匮要略》和《神农本草经》。李今庸认为，这几部书既奠定了中医药学理论基础，也决定着中医药学的发展方向，所以学习中医药学，务必首先要学好这几部书，这几部书读好了，后世的著作也就好读了。从 20 世纪 50 年代开始，他一直非常重视《黄帝内经》和《金匮要略》这两门课程的教学，为这两门课程的学科建设倾注了大量心血。1996 年 5 月，在召开全国《伤寒论》、《金匮要略》教学研讨会时，他欣然命笔题词祝贺："《伤寒论》、《金匮要略》的辨证施治体系，集中体现了我国传统医学的特色，自当发扬光大之。"对这两部书的教学，寄托了殷切的希望。他虽未讲授过《伤寒论》，然对其却给予了足够的关注。他认为《神农本草经》奠定了中药学的理论基础，虽然不是一门课程，但作为中医教师，尤其是讲授中药的教师，也应当认真地研究熟悉。

注重临床实践。中医药学科，是一门实践性很强的学科，他非常强调理论对实践的依赖关系，亦即中医药学理论，源于中医临床实践。所以，李今庸不仅要求重视中医药理论学习，不断提高理论修养，而且也十分注重临床实践。中医医疗机构是中医临床实践的主要阵地，因而他在中医医疗机构建设方面耗费了大量的精力，数十年来他从未间断向政府、社会呼吁，要求重视和加大对中医医疗机构的投入力度。从对中医医疗机构的数量、规模、基础设施、内涵建设、医疗水平、办院方向，到社会效益、经济效益等方面，都给予了特别关注。他认为，中医医疗机构的优劣，不仅直接影响中医学院临床课的教学质量，而且还关乎中医药事业的成败兴衰。在中医教师队伍中，他不仅主张临床课教师不能脱离临床，同样基础课教师也应经常参与临床实践，积累临床经验，从而丰富教学内容，这样教学才能做到言之有物，提高基础课的教学质量。1976 年，在教研室教学任务相当繁重的情况下，他还选派教师到中医院进行临床锻炼。20 世纪六七十年代，他常常带领不同年级的学生，到湖北省各地区、县级医院进行临床带教。

累起沉疴　苍生释缚脱艰

李今庸不仅中医理论造诣深厚，临床经验也极为丰富。在60多年的医疗实践中，形成了他独特的医疗风格，完整的临床医学思想，积累了大量的临床经验。著有《李今庸临床经验辑要》（中国医药科技出版社出版）、《中国百年百名中医临床家丛书·李今庸》（中国中医药出版社出版）、《李今庸医案医论精华》（北京科学技术出版社出版），还主编有《奇治外用方》等临床著作。这些著作系统地介绍了他的临床医学思想、临证思路和临床经验，具有较高的学术价值和实用价值。

强调临床对理论的依赖性。中医药学理论

是对临床实践经验的总结和升华，反过来又有效地指导了临床实践。古往今来，读医书而不临床者有之，然不读医书而能灵活地从事临床工作者却见之不多，没有理论指导下的临床实践是盲目的实践。因此，李今庸非常强调临床实践对理论的依赖性。他常说："治病同打仗一样，没有一定的医学理论作指导，就不可能很好地进行正确的医疗活动。"人类疾病是极其复杂的，疾病的变化也是极其复杂的，只有具备了坚实的理论基础，才能应对复杂的疾病和疾病的复杂变化，此所谓具一理以应万机。一男孩，突然患双眼暴肿，疼痛难睁，呼号啼哭，邀眼科医生叠进数剂而罔效，改延请李今庸诊治。他诊察后说，眼胞虽然肿大，但肤色不红，肝开窍于目，性喜条达而恶抑郁。虽是小孩，此证也因肝郁而生，乃肝郁乘脾，水湿不化，治当疏肝健脾，于是拟逍遥散治之，进 1 剂，则痛止肿消而眼睁。眼科医生治眼病可谓是有经验了，然而实践证明，仅凭经验而无理论指导，仍然是治不好疾病的。一壮年男子，突发前阴茎垂上缩，疼痛难忍，叫呼不已，李今庸根据《素问·厥论》“前阴者，宗筋之所聚”，《素问·痿论》“阳明者，五脏六腑之海，主润宗筋”的理论，为之针刺足阳明经之归来穴，留针 10 分钟，其病即刻消失，数十年来未再复发。又有一例，1 岁男婴，发热 10 余天，早晨体温 38.2℃，晚上体温 39℃，口唇干燥，小便短少色黄，用中西药退热数天未效，就诊于李今庸。诊见其苔薄，指纹青紫。先以麦冬、知母、天花粉、甘草等生津清热药予治，服药后热稍退，然增泻利矢气。这时他认为，湿热壅遏，阻塞气机，膀胱气化不利，津液不能上奉，故下为小便短少色黄，而上为口唇干燥，湿为热阻而发热，指纹青紫。服生津清热药，其生津液易助湿邪，湿盛气滞，故增泻利矢气。于是本《金匮要略·呕吐哕下利病脉证并治》“下利气者，当利其小便”之法，治以五苓散。服药1剂，小便利而热退，病遂告愈。如果没有理论指导，对本例患儿的病情变化，则必茫然而无所措。

重视辨证施治。李今庸在60多年的医疗活动中，形成了独特的医疗风格。他不仅强调临床实践对医学理论的依赖性，尤其重视辨证施治，这是具体问题具体分析的原则，在中医临床工作中的具体体现。湖北有一位在社会上非常活跃的中医内科教授，曾在一次学术大会上说：“现在还搞什么辨证施治”，言下之意是“辨证施治已经过时了”。李今庸认为，这并非只是该内科教授一个人的想法，而是代表了一种思潮。1971年，李今庸撰写了《辨证施治是医疗工作的思想方法》，1976年又发表文章《论祖国医学的辨证施治》，从而以正视听，说明辨证施治在医疗工作中的重要性。他强调，在辨证过程中，要善于抓主要矛盾和矛盾的主要方面；要善于分清疾病的共性和个性；要善于把握疾病过程中矛盾的转化；同时还要注意一般与特殊的差异等等。

抓主要矛盾。抓住了主要矛盾，一切问题就迎刃而解了。在中医辨证过程中，也必须善于抓主要矛盾，主要矛盾解决了，其他病证也就随之而愈。如患者陈某，女，40 岁。月经过多 5 年，周期正常，经期 5～9 天，色红量多，无血块，无腹痛，每次潮前双眼微肿，有时下肢也肿。经期自觉上腹部烘热，双脚发凉。月经后双眼干涩，头两侧空痛。平时则感腰膝酸软，脚跟痛，口干喜饮，大便质稀，解而不爽，肢体稍碰撞即出现青紫色斑块，时有少许白带，甚则恶心欲吐。舌质稍干，苔薄白，脉右沉左虚。乍看起来病症颇为复杂，但综合分析后，李今庸认为，病属冲任下陷，气机阻滞；肝肾阴虚，虚阳上越。而当前的主要矛盾则为冲任下陷，气机阻滞。治当补益冲任，疏利气机，拟胶艾汤加减，以治其月经过多，月经过多解决了，其他问题也就容易解决了。

在临床辨证过程中，不仅要善于抓主要矛盾，而且还要善于抓矛盾的主要方面。所谓矛盾的主要方面，是指在疾病过程中，起支配和决定作用的一个方面。如患者张某，女，55岁，1972年5月就诊。先是儿子戏水溺死，随后又因家中失火，遂致情怀抑郁，于三日前发病。诊见神识不聪，烦躁而欲奔走，多言语，善悲哭，舌苔白，脉虚。经某大医院诊断为“精神分裂症”。又如患者刘某，女，25岁，1953年6月就诊。一周前因与丈夫争吵而发病，诊见其卧床不语，不食不饮，时而两眼发赤则起身欲奔，家属将其按倒在床即又卧下，旋而又如是，如此反复发作。这两例都属于中医的狂证，其主要矛盾皆因情怀不畅而致心神失守。而张姓患者矛盾的主要方面为痰浊扰心，心神虚馁，治当涤痰浊，补心气，拟涤痰汤加味。竹茹 15g，炒枳实 12g，茯苓 10g，法半夏 10g，胆南星 10g，陈皮 10g，远志肉 10g，石菖蒲 10g，党参 10g，炙甘草 10g。药服 6 剂，加之家庭亦得到政府适当安慰，其病遂愈。刘姓患者矛盾的主要方面为肝胆气郁，风火上扰，治当除热泻火，重镇安神，借用风引汤治之。大黄 10g，干姜 6g，桂枝 6g，炙甘草 10g，龙骨 10g，牡蛎 10g，赤石脂 15g，白石脂 15g，石膏 15g，寒水石 15g，紫石英 15g，滑石 15g。药服 2 剂而神清，饮食起居如常，唯声哑而不能言语，嘱其勿治，待其心脉通则当自愈，后果然。

上述 2 例足见抓主要矛盾和矛盾的主要方面，是临床辨证的关键所在。李今庸认为，只有根据疾病的主要矛盾和矛盾的主要方面遣方用药，才有较强的针对性，从而收到理想的治疗效果。

注意共性，更要注意个性。在临床工作中，

人们往往过分地强调经验的作用。经验诚为可贵，但不能将其作为遣方用药的主要依据，而只能作为分析问题的借鉴，不然就会犯经验主义错误。唯物辩证法告诉我们，世界上没有完全等同的东西，当然更没有完全相同的疾病。某些疾病虽然有共同点，但也存在不同之处。因而临证之时，既要着力去掌握它们的共性，更要用心去分析它们的个性，然后分别予以施治，这样才能收到理想的疗效。从下列4例皮肤紫斑的治疗医案中，就能充分体现出这种思维方式在临床辨证论治中的重要性。

例一：患儿周某，6岁，1991年6月就诊。其父代诉：素来体弱，周身皮肤经常出现散在紫色斑块，尤以四肢为多见，斑块或大或小，不痛不痒。牙龈时常出血，精神倦怠，面色萎黄，食欲不振。此乃脾虚失于统血，治宜补脾培土，拟归脾汤治之。炙黄芪8g，党参8g，茯神8g，炒白术8g，远志6g，当归8g，木香

3g，炙甘草 8g，龙眼肉 8g，炒酸枣仁 8g。药服 6 剂而病愈。

例二：万某，女，45 岁。1990 年 8 月就诊。近一年来周身皮肤经常出现紫色斑块，经期常提前一周，量多，潮时如崩，小腹坠痛，腰痛，躺下后腰痛减轻，脉缓而尺弱。就诊时正值月经来潮，量多色暗，不能站立。此乃冲任不固，气虚下陷，拟胶艾汤加味。生地黄 15g，当归 10g，川芎 10g，干艾叶 10g，炙甘草 10g，白芍 10g，炙黄芪 10g，炒白术 10g，党参 10g，阿胶 10g（烊化）。药服 1 剂而血止，尽 6 剂而病愈。

例三：胡某，女，19 岁，住湖北省洪湖市农村，1991 年 1 月就诊。近一年来周身皮肤经常出现青紫色斑块，时多时少。月经 10 个月未自然来潮，其间曾注射黄体酮来潮一次，但时间短，量少。每稍受热即流鼻血，背部经常发胀。舌苔薄白，脉略涩。此乃肺燥气虚，肃降失职，胞脉不通，治宜滋燥益气，拟《金匮》麦门冬汤加味。麦门冬 20g，制半夏 10g，党参 10g，炒粳米 15g，炙甘草 10g，生地黄 10g，当归 10g，白芍 10g，大枣 4 枚。药服 5 剂，紫斑消失，月经来潮，量中等，颜色正常，无任何不适感，5 天后干净，尽 7 剂病愈。

例四：蔡某，女，38 岁。1978 年 3 月就诊。发病一年多，背、腹及四肢肌肤常见不规则约蚕豆大青紫色斑块，按之有压痛感，此起彼伏，常年不断。口干，牙龈易出血，月经色红，每月潮前小腹疼痛，手心热，脉涩。病乃络脉损伤，血气凝滞，治宜活血化瘀，拟桃红四物汤加味。当归 12g，川芎 10g，赤芍 10g，制乳香 10g，制没药 10g，红花 10g，制香附 10g，凌霄花 8g，牡丹皮 10g，生地黄 10g，桃仁 10g（去皮尖炒打）。药服 14 剂而病愈。

上述 4 例，西医诊断均为血小板减少，皮肤紫斑是其共同特点。但在中医看来，他们除有这一共性之外，还分别具有各自的特点。例一的特点是食欲不振，精神疲惫，面色萎黄。例二为月经量多，来时如崩，小腹坠痛。例三为经闭，流鼻血，背胀。例四则为紫斑压痛，脉涩。有诸内必形诸外，这四例的病理变化，既有共同的一面——血的病变，更重要的又有其不同的一面——或脾虚失统，或冲任不固，气虚下陷，或肺燥不降，胞脉阻闭，或瘀血阻滞。所以在治疗时，或健脾益气，或温中暖胞，益气举陷，或润燥益肺，或活血化瘀。同时也不忽视其共性，这就是在各例病案处方中，均加以养血活血药的道理所在。临证之时，对同一类型的疾病，既要注意其共性，更要注意其个性。不同质的问题采用不同的方法解决。

把握矛盾的转化。由于外界因素的影响，患者体质的变化，或治疗用药适当与否，一个疾病在其病理的全过程中，都不是一成不变的，而总是处于不断的变化之中。只不过变化的速度有快有慢，变化的幅度有小有大，其中既有量的变化，也有质的改变，完全不变的疾病是不存在的，因而临证之时，必须时刻把握住这种变化，不断修正治疗方案，即病变药亦变，方能永远立于不败之地。用静止的观点，刻舟求剑的方法去看待和治疗疾病，未有不犯错误的。所以李今庸在临证之时，从来没有一次开过几十剂药的，一般每次开3～7剂，最多也只开10剂左右，以观其服药之变。如患者陈某，女，47岁，患头痛3年，时发时止，时轻时重，每发，满头牵拉性疼痛，兼见头重，心慌，眠差，恶心，心烦，多汗，视物旋转，大便干结，脉沉滑。诊断为胆虚痰热上扰。处以黄连温胆汤加味7剂予服，其间诸症渐退。然未尽剂，病人又突然出现恶寒，干咳，鼻流清涕，咽痒等。表明原来的矛盾虽未尽除，但目前主要矛盾已转为外感风寒。李今庸嘱停服前药，另拟疏风散寒、化痰止咳之杏苏散3剂予服，尽3剂外邪即解，前药续进。临证时必须时刻把握住病情变化，随时调整治疗措施，是提高疗效的重要一环。

注意一般与特殊。任何事物的演变既有一般规律，也有特殊规律，疾病的变化也是如此。所以在临床辨证时，要注意一般与特殊的不同。一般者言其常，特殊者言其变。如“气滞”一证，今人多责之肝郁而致气滞，所以治多疏肝理气，这是一般规律。岂不知在某些特殊情况下，肺之宣降失职也可引起气滞。如一老年妇人素患肺痈，因家庭不睦而喝敌敌畏，经西医洗胃而脱离危险，但遗留腹部胀大如鼓，求治于李今庸。据证分析，病为气滞无疑，治当行气，然行气药多辛温香燥而不利于肺痈。他思之再三，遂本《素问·至真要大论》“诸气膹郁，皆属于肺”之旨，处以千金苇茎汤加味予服，药服3剂，腹胀全消。肺主一身之气，此所谓治肺即是理气。这种特殊的病理变化，非独具慧眼者不能识之；这种特殊的治疗方法，非临床经验丰富者孰能为之。

方小量轻，不尚贵药。《素问·至真要大论》说："方有大小"。何谓大方？何为小方？一则以一方中药味的多寡别大小，一方中药味多为大方，药味少为小方。二则以药量轻重别大小，一方中药味虽少，但药量重，药力专，也可算大方；而药味少，药量轻，即为小方。"山不在高，有仙则名；水不在深，有龙则灵。"（刘禹锡《陋室铭》）。李今庸也曾经说："方不在大，对证则效；药不在贵，中病即灵。"所以他在临证处方用药时，常遵循他自己制定的一项基本原则，即"选方用药，既达到治疗目的，又不浪费药材"。他的每张处方一般为八九味药，最多12味药，很少超过15味者，每味药的重量多在10g左右。组方法度严谨，不蔓不枝，轻灵活泼，补而不滞，行而不散。因而虽用小方常药，往往也可以起沉疴而愈痼疾。如一 7 岁男孩，患尿血，西医没有检查出原因，于是求治于中医。检阅所服药方，每方药味数量多达 20 上下，每味药轻则 14g，重则 30g，治疗两个多月，耗费药资 600 余元，然仍尿血不止，遂改治于李今庸。他处以六君子汤加味，药共 9 味，每剂药总重 78g。其母取药后自谓曰："这么一丁点药能治得好病?"谁知 7 剂药下咽，尿液检查，红细胞竟神奇般地从显微镜下消失了。所以只要辨证准确，选方合法，配伍在理，虽方小量轻，同样可以治愈疾病。李今庸临证处方不仅药味少，药量轻，而且常常喜用单方、验方，一般疗效也可靠。如他常将使君子肉用馒头皮包裹吞服，以治疗小儿蛔虫；用五倍子研末醋调敷脐，以治小儿尿床、盗汗等。如此既能治愈疾病，又节省了药物和药费开支。李今庸临证处方的另一个特点是，不随意选用贵重药物，不当用时绝对不用。自费者不处以贵重药，公费者同样不处以贵重药；普通平民不用贵重药，高级干部同样不随意用贵重药。在他近60多年的行医生涯中，可以说基本没有用过名贵中药，真可谓苍生之大医。

选方遣药，不囿于西说。20世纪50年代初期，李今庸在中医进修学校学习时，也学了大量西医课程，而且均取得较好成绩。但这并没有影响他的中医临床医学思想的形成，临证处方从不受西医学说的影响，患者向他诉说诊断结果，他也认真地听；各项检查报告，他也认真地检阅。但在处方时，则完全依据患者的临床表现以及舌象、脉象、体征等辨证遣方用药，往往获得理想效果。如一男性患者，45岁，发病4天就诊。病初左大腿内侧生一小疖，红肿疼痛，继而面部浮肿，化验检查诊断为急性肾炎而求治于李今庸。他在处方时并未因其是炎症而用清热解毒药以消炎，也未因其小便中有蛋白，用所谓消蛋白的中药消蛋白，而是依据患者面部浮肿，恶风，微热，无汗，口不渴，小便短少而色清，苔白，脉浮等症，辨证为风寒袭表，风水相激，肺失宣降所致。治以辛温发表，方以香苏散加防风、杏仁、生姜、葱白。服药 3 剂，症除肿消，小便化验尿蛋白消失，再嘱其避风寒以固体。在临床辨证遣方用药中，如果盲目听信于西医的诊断，势必会影响辨证的准确性和治疗的效果。如病人李某，女，65 岁。腹泻，日下 10 余次，色黄质稀，解而不爽，且有后坠之感，吃油荤则腹泻加重，肠鸣，身痒，面色萎黄，唇淡，关、尺脉弱，两个月前西医诊断为糖尿病。先就诊于一老中医，医听说为糖尿病，遂由糖尿病联想到中医的消渴，拟滋阴降火法；又虑糖尿病有发生痈疡的趋势，于是在方中又加入具有清热解毒作用的银花、连翘诸药。服药两剂，症状不仅没有减轻，腹泻反而加重，改治于李今庸。李今庸说：这个病人不是阴虚，应当是脾气虚弱。于是投以六君子汤加山药、木香、干姜。以此方加减出入，前后共服药 19 剂，诸症悉除。

善治疑难重症。作为一名好医生不在于能医疾，而在于能医人之所不能医之疾；不在于能治病，而在于能治疑难重症。李今庸正是在于能治疑难重症。他并不因为被诊断为不治之病而不治，认为只要是有一点希望，就应当积极地去争取，只要病人求治，他从不瞻前顾后，自虑吉凶，护惜身命，而是一心赴救。如病人黄某，女，48 岁。患泻利 20 年，时缓时剧，经武汉、上海、北京等地医院治疗未效。后破腹探查诊断为结肠溃疡，就诊于李今庸。李今庸认为，患者脾肾虚寒，肠滑不固，治宜健脾益气，养血活血，涩肠固滑。方以桃花汤加味，赤石脂 30g，干姜 6g，炒粳米 15g，党参 12g，炒白术 12g，炙甘草 9g，当归 24g，川芎 9g，白芍 15g，桂枝 6g，红花 9g，延胡索 12g，蒲黄炭 9g。以此方为基础加减，前后服药 22 剂，病人大便恢复正常，饮食转佳，体重增加，形体渐盛，其病告愈。

1976 年 9 月 23 日，李今庸在武汉某大医院会诊一晚期肺癌患者。昨日舌忽缩至舌根，几乎阻塞呼吸，家属求医院想法使其舌伸出，医生说这是肺癌发展的必然结果，无可奈何，并断言病人生命不会超过 10 月 1 日。后经李今庸给予猪苓汤加味，1 剂其舌即伸，并用中药延长了生命，大大地超过了医院所判定的存活时间。一血友病者，左膝关节肿大疼痛，步履艰难。武汉两大医院均认为必须做关节融合术，后经李今庸诊治而愈。1970 年 7 月，有一位医史教师住在他隔壁，年过花甲，素体虚弱，咳嗽吐痰。一日在家输液时，突发全身剧烈振动战栗，如丧神守，失于自持，卧床不起，神虽清然不能言语，喉中痰鸣如拽锯。李今庸诊之，认为痰浊内扰，心神失守，治宜祛痰安神。病情紧急，煎药不及，他急令停止输液，为之针刺内关，刺入五分；丰隆，刺入八分。均留针

5分钟，再立即行针，其症渐平。一女性西医内科医生，患过敏性哮喘，每发则胸中胀满，咳唾白痰，呼吸急促，气机不利，喘鸣迫塞，噎不得息，苔白脉沉。李今庸认为，证属正虚水泛，肺气壅塞。治宜助正逐水，以复肺之肃降。以泽漆汤治之，服药则症平，遇过敏物则复作，屡止屡发，未能痊愈。于是遂本“五脏所伤，穷必及肾”之旨，拟五子衍宗丸加味予服，服汤药7剂后，改为丸剂而收功。

竭诚斯任　但求无愧我心

1977 年 2 月，李今庸当选为湖北省政协第四届委员会委员；1983 年至 1993 年先后当选为湖北省政协第五、六、七届委员会委员、常委，并兼任提案委员会委员、教科文卫体委员会副主任。还曾当选为湖北省科协第二届委员会委员，湖北省科协第三、四届常委。1994 年，当选为湖北省老年科技工作者协会副理事长。2001 年担任湖北省反邪教协会荣誉理事。1982 年当选为湖北省中医药学会第一届副理事长；1986 年至 1998 年，当选为湖北省中医药学会第二、三届理事长，同时还担任李时珍研究会会长。1986 年 6 月，当选为全国中医药学会常务理事。

李今庸在担任湖北省政协委员、政协常委及教科文卫体委员会副主任等职的20多年间，积极向政府进言献策，提出了许多有益的建议、提案，多数得到有关部门的重视和采纳，所以被人们誉为具有“敢为人先的精神”。1989年2月，他给省政协领导写信，建议“政治协商，民主监督，要做到法律化”。在当时来说，李今庸的这种思想是具有超前意识的。他还撰写了《清除崇洋媚外思想的几点建议》和《论我国崇洋媚外思想的产生及其对我国传统民族医药的危害》两篇文章，寄给时任湖北省委副书记的钱运录同志，受到省委的高度重视，很快得到批复，给予肯定。这两篇文章均刊登于当年的《湖北政协通讯》上，其中《清除崇洋媚外思想的几点建议》一文，在钱运录同志的建议下，又刊登于《湖北教育工作》1990年1月号上。李今庸根据《汉书·食货志》对农产品卖得太贵，伤害老百姓，卖得太贱了，又伤害农民的思想，在1993年的新年期间，他建议省政府筹措一定数量的“粮油价格调控基金”，用以平抑粮棉市场的粮棉价格，如此既可以保护农民生产的积极性，又可以稳定城乡人民的生活水平，从而促进社会的安定团结。1986年8月，在《科技工作者建议》第十七期上发表了《关于发挥我省中药材优势，帮助贫困地区脱贫致富的建议》文章。1993年，新春伊始，他提出“新年献策——建议在我省广大农村普及中医药、气功保健知识，推广中草药单方、验方、针灸、按摩、热熨、刮痧、拔火罐等简便疗法，并将这一工作纳入湖北省燎原工程活动中去，使广大农民小病不出村，有病看得起”。同年12月，李今庸在“首次全国农村中医药学术交流会”上的发言中，又重申了这些观点。他的这些建议、发言，为解决本省农村医疗以及农民脱贫致富等问题，提出了一条切实可行的途径，开阔了思路，可谓是中医药界关心三农问题的一位热心人。

李今庸在担任省政协委员、常委期间，还在百忙中，挤出时间走访考察，调查社情民意，对其中有关民生的重要问题，积极写成提案，向政府提出建议。1984 年 3 月，在省政协五届三次会议上他提出“拨款解决枣阳县地方性氟中毒问题”。1985 年 3 月，在省政协五届四次会议上提出“解决好医药院校，原赤脚医生职工的工龄问题”、“应给高校教师合理待遇，调动教师的积极性”、“合理解决湖北中医学院基础课部卫技十二级教师工资，充分调动其积极性”等提案。1991 年提出“要求制止武汉市第二制药厂等对环境的严重污染”的提案。1992 年写出提案：“贯彻环境保护这一基本国策，立即将设置在螃蟹甲、易于导致癌症发生的沥青搅拌厂，迁移到市郊的适当地方去”等等。这些提案中所提出的问题，后来都一一得到落实，为创造安定和谐的社会环境作出了贡献。1997年2月，省政协七届委员会表彰李今庸："在第七届政协期间，积极参加政协活动，为社会主义两个文明建设和祖国统一事业作出了显著成绩。"

李今庸学深术精，德高望重。从1982年开始任中华中医药学会湖北分会的副理事长，从1986～2007年出任湖北省中医药学会理事长以来，为中医药事业作了大量有益的工作，将群众社团的作用发挥得淋漓尽致，2003年，中华中医药学会授予湖北省中医药学会"先进中医药学会"称号。

活跃学术空气，积极推动中医药学术的发展和中外学术交流。李今庸秉事以公，待人以诚，将广大的中医药工作者团结在学会周围，经常开展各种类型的学术研讨会和国际学术交流会议。他经常同国际友人共同研讨中医药学。1985年4月，接待美籍华侨中医师黄维三先生，对《难经》的相关内容进行学术交流，并介绍了自己研究《难经》的心得体会。1987年5月，接待了美籍台胞庄振辉先生，讨论药膳问题。1994年，到瑞典探亲期间，与瑞典学者、医生作了文化交流。1997年3月，应日本邀请，为“中日友好之旅”培训班讲授中医经典文献。他多次走出国门，在国际舞台上作中医学术报告，宣传中医药学。1997年11月底，应韩国邀请赴韩国讲学，2000年11月赴法国巴黎参加第二届中法中医药学术研究会。频繁的出访和交流，不但活跃了中医药学术空气，也将我国固有的中医药学术推向了世界，对促进中外文化交流尽了自己的一份力量。在他主持学会工作期间，定时编辑《湖北中医药信息》，向广大会员传递中医、中药信息，深受广大会员的欢迎。在2003年“非典”流行期间，他收集了大量有关中医药防治“非典”的政策、信息和技术资料，整理编辑为《中医药治疗传染性非典型肺炎》专集，散发给中医药工作者，增强了他们对中医药工作的信心。

保护发扬中医药文化。民族文化是一个民族赖以生存的基本条件之一。中医药学是我国医学科学的特色，也是我国优秀民族文化的组成部分。李今庸为保护和传播中医药学文化殚精竭虑，他所写的《中医药学应当以东方文化面貌走向现代化》一文公开发表后，在中医药学术界产生了很大的震动。他主持编辑了五集《中医药文化有关资料选编》，散发给会员，从而提高了会员对中医药文化的认识，增强了对保护中医药文化的紧迫感和责任心。他还多次组织有关专家学者座谈中医药文化，并欲建立专门班子研究保护发展中医药文化。2006 年网上出现了《关于征集就告别中医药而致国家发改委公开签名的公告》，一时间，社会上企图消灭中医药文化的沉渣再起，大有黑云压城之势。李今庸首先奋起反击，先后撰写了《民族中医药文化不容污蔑》等文章，从理论到实践，有力地批驳了一些否定中医药的谬论，在全国产生了强烈的反响，为保护中医药文化尽心尽力。

李今庸在主持学会工作期间，还作了大量维护中医药科技工作者合法权益的工作，使许多中医药科技工作者深得其利。在湖北省，原先对科研成果的鉴定，是中医、西医合在一起，鉴定者多以西医的眼光、方法、标准来看待中医药科研成果，因而，中医年年被“剃光头”。鉴于这种不合理现象，李今庸建议将中西医科研成果分开鉴定后，从此中医才有了自己的科研成果，极大地鼓舞了中医药科技工作者的积极性。

李今庸在担任湖北省科协常委、副理事长期间，积极工作，尽职尽责，成绩突出。1995年1月他给省科协写信，提出了“关于湖北省科协的工作和发展”，1997年3月，又给省科协副主席写信，对科协工作提出建议，拳拳之心，可见一斑。1992 年 4 月，湖北省科学技术协会致函，感谢他在担任湖北省科学技术协会第四届委员会委员期间，为促进省科技进步和协会的建设与发展作出的重要贡献。

李今庸在担任各种社会兼职期间，作了大量有益的工作，有《舌耕余话》一书刊行于世。在他的办公室里挂着一副时时自勉的对联：“鞠躬厥职，岂能尽如人意；竭诚斯任，但求无愧我心。”正是他事必躬亲、尽职尽责、自当无愧于心的真实写照。

为振兴中医　奔走呼号

中医药学是我国医学科学的重要组成部分，但对它的偏见甚至歧视却时断时续。几十年来，李今庸为保护发展这份中华民族文化瑰宝，四处奔走，呼吁呐喊。1982 年 12 月，在一次全国性学术会议期间，他同全国中医药专家一起签名，向中央反映全国中医药事业情况，并积极建议成立国家中医药管理机构。1984 年又同全国另外九位中医药专家一起签名，上书国务院总理，再次建议通过成立国家中医药管理机构，后来中医药界把这件事称之为“十老上书”。在国家中医药管理局成立后，紧接着，全国许多省市也相继成立了相应机构，这对促进中医药事业的发展起到了组织保障作用。接着，他又同几位中医药专家一起，支持并敦促组建中国中医药出版社。出版社成立后，出版了大量中医药著作，为弘扬中医药文化发挥了积极作用。为适应湖北省中医药工作发展的需要，李今庸从1986～1990年长达4年的时间内，采用各种方式，先后7次建议成立湖北省中医药管理局。1986年12月，他给湖北省卫生厅写信，“请求我省及早成立湖北省中医管理局”。1987年3月，在省政协五届五次会议上提出“请求省委、省政府批准积极筹建湖北省中医管理局”。1988年1月，他再次写考察建议文——《关于尽快成立湖北省中医管理局的建议》。1988年5月，再三提出“建议成立我省中医管理局”的提案。1989年4月，在湖北省政协六届二次会议上提出“关于成立我省中医管理局”的提案。1989年5月，与全省12位老中医药专家、教授一起共同建议成立湖北中医药管理局。1990 年 4 月，在省政协会议上提出："建议迅速建立我省名符其实的副厅级中医管理局，以适应中医药事业发展"的提案。由此可见一位老中医药专家为中医药事业的耿耿忠心和坚忍不拔的毅力。

2003 年 4 月，李今庸在给卫生部长的信中，强调说明了中医药学的优越性和具有东方医学的特色，应给予保护、发展，并提出了"迅速制定保护和发展中医药的法规，明确中医药学应保持其固有特色，根据自身规律在实践中发展……"等四点建议和请求。2005 年，他给国家中医药管理局常务副局长写信，要求切实"保持中医特色，弘扬中医优势"，本文当年 6 月由《中医药通报》公开发表，随即又被人民日报出版社收入《中国当代思想宝库》一书中。

李今庸深深地体会到，振兴中医药事业，必须加强对中医药工作的领导。所以他利用一切机会，采用各种形式，不断呼吁，请求党和政府加强对中医工作的领导。1981 年 2 月，他在省政协四届四次会议上作了题为“加强对中医工作的领导，解决后继乏人问题”的书面发言。1983 年 4 月，在省政协五届一次会议上提出“建议省政府加强对中药高等教育的领导，改革中药教育，培养符合当前中医药实际的中药人才，切实解决中药后继乏人的问题”的提案。1989 年 4 月，在省政协六届二次会议上作了《发展中医药事业必须加强领导》的报告。2000 年 3 月，给湖北省副省长写信，建议“加强对中医工作的领导，端正方向，发展中医工作的问题”。1990 年 4 月，给湖北省省长写信，建议“在湖北省第七届人民代表大会《政府工作报告》中，应提及发展中医药工作”。1997 年 2 月，给湖北省省长写信，针对《政府工作报告》中无发展中医药文字的问题，建议应当提出“发展中医药”的提议，并建议省政府重视中医药疗法，以减少医疗费用的开支。李今庸的这些发言、提案、建议、信函，受到了省政府及相关部门的高度重视。2002 年，省政府颁布了《湖北省发展中医条例》，使湖北省中医药事业的发展有了政策保障。

以前中医药单位的领导多数是非中医药工作者，由于他们不熟悉中医药学的性质和特点，导致不利于中医药事业发展的局面。所以李今庸认为，中医药事业必须要由中医药人员来领导，以利于全省中医药工作协调发展。1983 年 8 月，他以中华全国中医学会湖北分会的名义给省委写信，“建议省委在配备省卫生厅新的领导班子时，希望能配备一名符合四化要求的懂中医的干部参加领导班子”。这一建议受到省委的重视，并很快得到落实。1984 年 3 月，他在省政协五届二次会议上提出“加强领导，振兴我省中医药事业”的提案。1989 年，他“建议副厅级干部的任命，应根据‘同行评议’原则，征求省级专业性学术团体的意见，做到‘兼听则明，任人唯贤’”。省委组织部专门为此发文予以肯定。1987 年 3 月，他在省政协五届五次会议上提出，“请求省政府坚决贯彻中医政策，加强对我省中医高等教育的领导，停止在湖北中医学院恢复西医在朝中医在野的做法，以保障我省中医药事业的发展”。于是一批中医药人员先后走上了领导岗位，为中医药事业发展起到了组织保障作用。

中医药事业的发展必须要有一定数量的资金作基础，数十年来，李今庸一直为之呼吁不停。1986 年，他担任中华全国中医学会振兴中医基金会理事后，于 1989 年 4 月，在省政协六届二次会议上作了题为“请增拨中医事业专项经费，以扶植中医医院事业正常发展和优势充分发挥，更好地为全省人民健康服务”的发言。1996 年 9 月，在省政协七届四次会议上提出“建议发文在公费医疗制度中贯彻中西医并重的方针”的提案。1998 年 12 月，在有副省长出席的湖北省中医药专家座谈会上发言：“湖北省各县中医院，多数是在 1978 年 56 号文件以后恢复和筹建的，起步晚，底子薄，条件差，管理经验不足，希望政府增加经费投入”。几十年来，李今庸利用一切机会，为中医药事业的发展，争权、争财、争发展空间。如今虽已年迈，仍然呼号不已。

作为一代中医药思想家，李今庸从未停止过对中医药学理论、中医药学临床、中医药学教育中的一些问题，进行反复深入地思考，而且也从未间断过对中医药学术发展的思考。在当今，中医药学术要发展，必须首先要明确发展方向，倘若方向不明，便会失之毫厘，谬以千里。1987 年 3 月，他在省政协五届五次会议上提出“请求省委科教部、卫生厅对湖北中医学院附属医院加强政策领导，端正办院方向，提高医疗质量，保证中医学院临床教学的正确开展”的提案。近年来，他又先后撰写了《从实践的观点看我国中西医结合的成败》、《再论我国中西医结合的成败》、《三论我国中西医结合的成败》、《循名责实，“中西医结合”》、《关于中西医结合与中医药现代化的思考》、《略论中医学史的发展前景》、《正确利用现代科学技术促进中医药学辨证施治的发展》、《中医药文化的七十五年》、《从文化的角度论中医药学的发展》等文章，充分表达了他对中西医结合和中医现代化的思想。

中西医结合，应当是两种医学从理论到实践的有机结合，从而形成新医学和新药学。所形成的新医学、新药学，既不完全等同于西医，也不完全等同于中医；但既高于西医，同时也高于中医。这当然是一个比较理想的医学科学发展境界。那么，中西医该如何结合？李今庸说：“中医、西医两种医学具有质的差别，二者产生的条件不同，历史背景不同，理论体系不同，哲学基础不同，医学模式不同……要使中西医结合，必待两种医学各按其内部规律发展到医学模式的转变。西医学由单纯生物医学模式，转变为生物-心理-社会医学模式；中医学由古代生物-心理-社会医学模式，转变为现代生物-心理-社会医学模式。届时中西医两种医学始能结合成为一个具有辩证思维形式的新的医药理论体系（《再论我国中西医结合的成败》）。至于如何才能完成这两种转变，那就必须努力促使'西医中国化'，'中医现代化'。"

道德风范　垂示后人

唐代神秀和尚有诗曰："身似菩提树，心如明镜台。时时勤拂拭，莫使惹尘埃。"李今庸虽不信佛，然却心灵常拭，纤尘不染。他曾在一联语中写道："勤耕方寸地，谨养泥丸宫。"某年，他到缝纫店做衣服，师傅给他量尺寸后，记述体征为："背驼，胸凹，肚大。"他以此写诗自我解嘲说："背驼胸凹心尚正，耳聩目瞀神未昏。肚大难容奸邪事，势利场合懒钻营。笃守岐黄性鲁钝，半生舌耕在医林。肩作阶梯扶人上，锦衣从未入方寸。"《孟子》有言："养心莫善于寡欲。"李今庸无欲无求，总是用仁义礼智信的标准约束自己的思想及行为。正是由于其“勤耕”、“谨养”，所以虽年过八旬，仍然心如明镜，不为世俗所染。古训曰：“德成而先，艺成而后。”李今庸则言，先学人品而后学做学问，人品不正，而欲求其学问有长且正者，岂可得哉？守业以忠，事亲以孝。李今庸不仅对事业忠心耿耿，而且对自己的双亲也是孝心有加。为人子者，疚莫大于父死不能扶其棺，葬不能临其穴。李今庸因其父遗嘱有训而未能为父奔丧，每忆及此，常感切肤之痛。如今虽已是年过八旬的老人，每谈及此事，仍然喉中哽咽，眼圈湿润，听者也无不为之动容。夫忠，人之所欲也，孝，亦人之所欲也，二者不可兼而得之时，李今庸谨遵其父遗训，舍孝而取忠。他所取之忠，是忠于工作，忠于事业。所谓孝莫大于承志，他承其父之志、之业，并发扬之，光大之，既可告慰其父在天之灵，也足以自慰之。

简悫贞良，刚严介特。李今庸一生生活简

朴，不尚奢华，饮食顺精粗，衣服随美恶，无厌无求，唯以购书、读书为快事。然而在 20 世纪五六十年代，他却曾忍痛以低廉的价格出卖了数部他辛苦收藏的线装书，以解生活之困，至今提及此事，仍是惋惜不已。1975 年，他到地处长江之滨的蕲春讲课，时值隆冬，大雪纷飞，水冰地坼，而他仍然穿着一件非常陈旧的棉袄，碎絮常常从袖筒中脱出。而他总是用唾沫沾湿手指，将碎絮捻一捻，再塞进袖筒。一日三餐，常常只啃三个馒头。但他仍以教书、读书为乐，美其食，任其服。改革开放以后，生活虽然大有好转，然而简朴之风未变。他深知匙饭百鞭，粒粒辛苦。所以对吃饭时不留心散落在饭桌上的饭菜，很少随意扔去，而是捡起来吃掉。

他外表似甚严肃，人多敬而畏之，然而其待人实甚和善，与人交往，无论地位高低，贵富贫贱，一以诚信为准则，但也从不拿原则作交易。1993 年冬季，他在“自箴”中写道：“志于道，诚于心，敬于业，敏于事，笃于行，守于信。”他非常讲诚信，和人有约时，总是提前到相约地点等候，而从不让别人等他。他为人不卑不亢，秉性耿直。湖北省原人大常委会副主任，非常支持中医工作，退休后被聘请为湖北省中医药学会名誉理事长，他与之过往甚密，逢年过节，常亲自登门看望。相反对那些不支持中医药事业的人就不这样了。20 世纪 70 年代，一次他从北京乘火车回武汉，与他同一包厢的另一位乘客，为湖北省科委的领导干部，这位干部得知他是中医学院教授，说自己患糖尿病，正在中医学院就诊。李今庸不失时机地请科委支持一下中医工作，这位领导干部却推三阻四，还说什么中医看病说不出道道。李今庸听后大为恼火地说：“现在有些干部，病了就找中医，却从不支持中医事业，不知他死了以后，他的儿子、孙子还找不找中医看病。”

李今庸禀性耿直，嫉恶如仇，肚大难容奸邪事，对贪污腐败等各种不正之风恨之入骨；对为谋取一己私利而危害中医药事业的当权者更是怒不可遏，瞋目而斥；而对那些否定中医、排斥中医者，或据理以争，或秉笔直书。虽遭忌恨，甚至报复，然而他对其却不屑一顾。

不为名使，不为利役。张仲景在《伤寒杂病论·序》中写道："怪当今居世之士……但竞逐荣势，企踵权豪，孜孜汲汲，唯名利是务。"在当今社会，诸如此类，仍不乏其人。而李今庸却始终保持高尚情操，不为名利所动。20世纪80年代，湖北中医学院曾多次请他出任干部，甚至院级领导，他均辞而未就。他现在的确有很多头衔，然而这些头衔，一非奉承所得，二非金钱所鬻，完全是凭借其人品、学问所获得的。他学深术精，凭借能力，完全可以获得丰厚的经济效益，然而他始终未为焉！他对金钱有一个辩证的看法：没有钱，寸步难行；钱太多也是祸根。所以他的原则是：在政策范围内，归他所得的，即取之；不归他所得的，则毫厘不拿。他曾在一首诗中写道："人奉赵公明，我志独清贫。"所以他终究未成为金钱的奴隶，就像李时珍一样："李公纷纷，乐道遗荣。"

仁心仁术，无欲无求。"凡大医治病，必当安神定志，无欲无求，先发大慈恻隐之心，誓愿普救含灵之苦。"（《备急千金要方·大医精诚》）李今庸临证之时，诚如斯言。他常说：医乃仁术，关乎性命，非一般之举，自当慎之又慎，如临深渊，如履薄冰。所以临证之时，只要是他接诊的病人，视同一等，均热情接待，细心询问诊治，经深思熟虑、反复推敲后，方施以汤药。凡经诊治过的病人，他常挂念于心中，无论疗效好坏，他都想及时得到回音。尤其是对那些一时尚难拿准或重症病人，则更是放心不下。"射有似乎君子，失诸正鹄，反求诸其身。"（《礼记·中庸》）他执心以诚，立身以正，从不把疗效不好的责任推向病人或司药，而总是先从自己辨证、选方、遣药等方面找原因。施恩图报非君子，他热心认真诊治病人，并非希求病人回报。他也曾因辞退病人的谢礼而获罪于病人，而他则终不后悔！20 世纪 70 年代，他曾医治咸宁地区某供销合作社主任的顽疾，此后两人关系甚好。那是一个各种物质都必须凭票购买的年代，一日，主任出差来武汉，顺便给他带来一包猪油，放在桌上，抽身走了。李今庸数次写信询问钱数，然而主任总是避而不谈。他无可奈何，于是根据当时市场上的价格和猪油的重量，给主任寄去了相应的钱数，自此后两人音信杳然。

李今庸非常关心他的学生。20 世纪 70 年代初，他的一个学生患甲型肝炎肝功能异常，因为绿茶有助于肝功能的恢复，他随即从家中拿了一包茶叶送给这位学生。21 世纪初，他一个学生的爱人患重病需要做手术，他知道这个学生家庭经济拮据，多次询问作手术的钱够不够，手术后又及时将他自己服用的西洋参送给病人服。2009 年 9 月，他的一个学生患绝症躺在家中，他不顾 85 岁高龄，拄着拐杖爬上五楼登门探视。看着病人痛楚绝望的样子，他神情异常凄怆，口中似乎在念："斯人也而有斯疾也，斯人也而有斯疾也。"

提携后学，寄以厚望。为了中医药事业的发展后继有人，他不仅在中医药学术上着力培养年富力强、专业思想牢固的年轻人，从不怕自己的经验外泄，只虑后生不学，而且在中医药工作中，他也总是将年轻人推到峰顶浪尖上，让他们在实际工作中经受磨炼，自己则甘当人梯，作他们的坚强后盾。20 世纪 80 年代初期，他提前辞去教研室主任一职，让位于年轻的副主任。在名誉、地位、社会兼职等方面，也是尽力推举年轻人，希望他们能在振兴发展中医药事业上承上传下，发挥更大的作用。

夫死生亦大矣！而李今庸却视死如归，早在84岁时就安排好了后事，写好了遗嘱，现录于下，以殿篇末。

《庄子》说："生，寄也；死，归也。"《吕氏春秋·孟冬纪·节丧》说："凡生于天地之间，其必有死，所不免也。"日后我归去时，丧事一切从简，实行"六不"：

一、不通知死时不在跟前的亲属；

二、不登报；

三、不接受花圈、花篮等吊唁；

四、不开追悼会；

五、不搞遗体告别；

六、遗体火化后不留骨灰。

公元2008年10月3日（农历九月初五）

84岁生日神志清楚时立

（撰稿人　袁思芳）

《中华中医昆仑》丛书 150 位医家名录

（按生年排序）

张锡纯	丁甘仁	萧龙友	王朴诚	恽铁樵
曹炳章	冉雪峰	谢　观	施今墨	汪逢春
孔伯华	黄竹斋	吴佩衡	蒲辅周	陈邦贤
李翰卿	李斯炽	姚国美	陆渊雷	张泽生
时逸人	张梦侬	叶橘泉	王聘贤	陈慎吾
邹云翔	赵炳南	承淡安	余无言	刘惠民
岳美中	沈仲圭	秦伯未	赵锡武	韦文贵
程门雪	黄文东	赵心波	董廷瑶	吴考槃
章次公	石筱山	陆南山	张赞臣	李聪甫
刘绍武	陈存仁	朱仁康	陆瘦燕	姜春华
韩百灵	高仲山	李克绍	王鹏飞	刘春圃
金寿山	哈荔田	何世英	周凤梧	干祖望
关幼波	王为兰	任应秋	罗元恺	祝谌予
杨医亚	郭士魁	何时希	耿鉴庭	俞慎初

裘沛然	顾伯华	江育仁	邓铁涛	门纯德
刘渡舟	尚天裕	朱良春	李玉奇	程士德
尚志钧	赵绍琴	董建华	米伯让	李辅仁
张珍玉	班秀文	颜正华	于己百	颜德馨
路志正	方药中	王乐匋	黄星垣	谢海洲
余桂清	何　任	王子瑜	程莘农	陈彤云
焦树德	张作舟	张　琪	李寿山	张镜人
王绵之	方和谦	印会河	王玉川	蔡小荪
李振华	马继兴	王嘉麟	宋祚民	刘弼臣
王雪苔	刘志明	吴咸中	李今庸	任继学
裴学义	王宝恩	周霭祥	贺普仁	唐由之
赵冠英	许润三	金世元	陆广莘	刘柏龄
徐景藩	吉良晨	吴定寰	沈自尹	王孝涛
张灿玾	周仲瑛	强巴赤列	张代钊	李经纬
郭维淮	柴松岩	苏荣扎布	陈可冀	李济仁
夏桂成	郭子光	巴黑·玉素甫	张学文	陈介甫